Romy Glaser
Herausgeberin

Michael Schaan

Im Zeichen meines Lebens

zu Gast ist Marlene Gerhards

Inhaltsverzeichnis

Anmerkungen zu den vorliegenden Offenbarungen der Künstler

Selten im Leben begegnet man Menschen, wo die Chemie einfach stimmt. Ohne Worte, mit wenigen Gesten, weiß man sofort, dass man sich versteht. So ist es mir gegangen, nun schon vor einigen Jahren. Marlene Gerhards, Michael Schaan und Heinrich Albert Ellner habe ich bei literarischen Lesungen gehört und mich sofort in deren Werke verliebt. Sie sind ein Quell der Lebensfreude und offenbaren in ihren Ausführungen ihre Erinnerungen, verarbeiten Gefühle. Ganz unterschiedlich sind ihre Geschichten, die Art und Weise der inneren Auseinandersetzung und auch ihre Werdegänge.
Immer wieder bin ich dankbar, teil an ihren Gedanken und Werken zu haben.

Bedenkt man im Hintergrund, dass jeder mit einer gewissen Last fürs Leben geprägt ist, umso wertvoller und wichtiger erscheint mir, die sprudelnde Lebensbejahung mit der

Veröffentlichung „Im Zeichen meines Lebens" zu würdigen.

Michael Schaan schreibt seit 1995 Gedichte. In diesem Buch findet der Leser undatiert eine Auswahl aus über zwei Jahrzehnten.

Herzlichen Dank sagen möchte ich Marlene Gerhards, die uns mit ihren Geschichten eine Welt eröffnet, die vielen verborgen bleiben wird, wenn man dafür nicht offen ist. Sie verarbeitet ihre Erinnerungen und Kindheit seit Jahren in wunderschönen, märchenhaften Geschichten. Marlene reflektiert: „Schreiben bedeutet für mich seit vielen Jahren, dass sich die Seele frei und schöpferisch entfalten kann. Die Schönheit der Natur und das harte, bäuerliche Leben der Kindheit geben mir den Stoff, um meine Texte zu gestalten. Meine Phantasie sucht sich in Bildern ihren Weg, und so möchte ich die Konflikte und Krisen, die das Leben mit sich bringt, bewältigen. Meine Vorbilder sind Böll, aber auch Kafka, und so schreibe

ich Geschichten, Märchen und autobiogra-phische Erzählungen."
(30.06.2017).

Ihr möchte ich ganz besonders danken, dass sie uns ihre Geschichten für diese Publikation zur Verfügung gestellt hat.

Romy Glaser, April 2018

Vorwort(e) zu

Michael Schaan ist ein Dichter mit authentisch liebevoller Ausdruckskraft in bisher nur erst wenigen Werken. Er hat dafür aber über die Maßen gefühlvolle Gedichte geschaffen, aus den besonders die innere Aufgewühltheit zum Ausdruck kommt, wie er es auch selbst bei sich sieht.

Mich vor nächst einem Jahrzehnt als sein „lebendes" Vorbild als Dichter bezeichnet, besuche ich nun schon seit Jahren seine Lesungen, in denen er sich, quasi als Mutprobe, Zuhörern und Zuhörerinnen stellt, wenn er, emotional höchst angespannt, aus seinen auch teilweise sentimental bis melancholisch gehaltenen Werken liest.

Ihm und der Herausgeberin Romy Glaser gilt aber zudem auch an dieser Stelle mein Dank dafür, dass ich als „Gastleser" in seiner Erstpublikation selbst erstmals einige Gedichte in einem Buch mit ISBN veröffentlichen durfte.

Marlene Gerhards verfasst in wunderbar plastischer Erzählform Kurzgeschichtchen, in denen sie autobiografisch Erinnerungen und Geschehnisse der Kindheit und frühen Jugend aus Elternhaus und auf dem Bauernhof verarbeitet. Wenn sie mit einer ureigenen, unaufgeregten Stimme vorliest, nimmt sie Zuhörer und Zuhörerin mit in die Vergangenheit. Wer selbst ähnliche Erlebnisse und Kenntnisse hatte, füllt ihre Schilderungen förmlich mit eigenen Erinnerungsbildern...

H. A. Ellner
Mayen, 18.02.18

44 Jahre alt

Ich bin jetzt 44 Jahre alt.
Und in meinem Leben habe ich wieder Halt.
Auf den Straßen gehen die Lichter aus.
Und ich schreie meine Wut
aus dem inneren Seelenhaus.
Ich habe den Dämon des Lebens besiegt
und ich fühle, wie ich die schönen Zeiten
in meine Hände krieg'.
Mit meiner großen Liebe möchte ich leben,
danach werde ich für immer streben.
Der Mond geht langsam unter,
denn mit 44 Jahren bin ich noch fröhlich
und munter.
Ich schlafe ein.
Und die nächsten Jahre gehören mir
und meiner Freundin und meinen Freunden
ganz allein.

Die Blume der Schmerzen

Ich sehe die Blumen der Schmerzen.

Dann komme ich nach Hause

und zünde an die roten Kerzen.

Manchmal ist mir nicht zu scherzen.

Es sind die Schmerzen in meinem Leben,

die hoffentlich bald vergehen.

Dann sind die Schmerzen vorbei.

Und jetzt werde ich wieder richtig in meinem Leben stehen.

Lebendig

Ich fühle mich lebendig.
Und ich sehe, wie ich den Mond
Und die Sonne in meine Hände krieg'.
Nachts steige ich über die Berge
zu einer Burg hinauf.
Und am anderen Morgen bin ich gut drauf.
Dann sehe ich die Liebe meines Lebens,
doch ihre Liebe zu mir war oft vergebens.
Ich gehe durch die Straßen.
Nun lasse ich Schreie aus meinem inneren
Seelenhaus.
Jetzt bin in wieder lebendig.
Und am frühen Morgen bin ich dann wieder
zu Haus.

Die Frau, Skizze, Bleistift, Romy Glaser 2016

Eine Dame

Es ist langes, geschmeidiges Haar einer
Dame, doch wie lautet ihr Name?
Sie hat ein ausdrucksvolles Gesicht,
dies bringt mich aus dem Gleichgewicht.
Ihre Schönheit ist unübertroffen.
Ich hab mich heute Nacht besoffen.

Am andern Morgen wache ich auf mit ei-
nem dicken Kopf. Nur erinnern kann ich
mich an ihren langen, geflochtenen Zopf.

Ich möchte sie gerne wieder sehen
und mit ihr durchs Leben gehen.

An die Zahl 7 muss ich denken, um mich ab-
zulenken.
Ich habe das Verlangen sie zu lieben
unter freiem Himmel im Garten
denn ich kann es kaum erwarten.

Das Damenopfer

Havanna 1968

Im Hinterhof im Süden Havannas wohnte ein weißer alter Mann. Sein Name war Señor Fernando Saragossa. Auf seinem Balkon pflegte er jeden Abend mit seinem Freund Petro, bei einem guten Glas Wein eine Partie Schach zu spielen. Das taten sie schon mehr als 30 Jahre aus Leidenschaft und Freundschaft. An diesem heißen Sommerabend war es wieder soweit. Fernando eröffnete die Begegnung. Nach einer Weile schlug Fernandos Springer Petros Läufer und nachdem er dies tat, machte er seinen Freund auf etwas aufmerksam.

"Petro", sagte er. "Es ist ungewöhnlich ruhig, sonst hörst Du doch die Kinder spielen und die vorbeifahrenden Autos". "Ja", erwiderte Petro. "Es ist wirklich ein stiller Abend."

Sie hörten Musik, die sie mochten, und mit der sie eng vertraut waren. In dem Moment, als Santana "Black Magic Woman" sang, opferte Fernando seine Dame. Sie hörten Schüsse. Die beiden Männer beugten sich über das Balkongeländer, um zu sehen, was passiert war. Sie sahen einen Motorradfahrer mit hoher Geschwindigkeit flüchten.

"Ich habe das Nummernschild erkannt.", sagte Fernando. Anschließend gingen beide aus dem Haus in den Hinterhof. Dort angekommen entdeckten sie in der Mitte des Hofes eine schöne, aber tote Frau. Sie wurde

mit drei Schüssen niedergestreckt. "Espan-
toso!", riefen die Männer völlig entsetzt.
Fernando alarmierte sofort die Polizei. Die
Polizei war in weniger als fünf Minuten am
Tatort. El Señor Comisario Morientes be-
fragte die Männer und sie berichteten ihm,
was sie soeben erlebt hatten.

Señor Morientes stellte fest: Diese Frau ist
mit drei Schüssen, zuerst in den Arm, dann
in das linke Bein und zum Schluss in den Kopf
regelrecht hingerichtet worden. Señor Mo-
rientes und seine Kollegen stellten anhand
ihres Ausweises fest, dass die ermordete
Frau Conchita Hernandez hieß und hier aus
Havanna stammte. Fernando bewegte sich
langsam auf den Comisario zu. Dann ent-
deckte er einen goldenen Ring und gab ihn

Señor Moriantes. Señor Moriantes betrachtete den Ring und teilte seinen Leuten etwas mit. Auf der Innenseite des Ringes befanden sich zwei Initialen: L.S.

"Ich erkenne die Initialen", fügte Fernando hinzu. "Es sind die Initialen von el Señor Leonardo Santos. Der Sohn des Drogenbarons, Pablo Santos." "Das ist ja interessant." "Dem werden wir nachgehen." sagte Señor Moriantes. "Übrigens", erwähnte ein Kollege, "sie ist mit einer Walter PPK erschossen worden.". Es stellte sich heraus, dass Fernando mit dem Drogenbaron befreundet ist. Gemeinsam fuhren sie zu dem Anwesen von el Señor Pablo Santos. Dort angekommen teilte el Señor Moriantes dem el Señor Santos mit, dass sein Sohn wahrscheinlich eine junge Frau auf dem Gewissen hat. "Das kann nicht sein. Mein Sohn war den ganzen Abend bei mir." "Es ist aber ein sehr schwaches Alibi für Ihren Sohn", sagte der Comisario. "Wir werden das prüfen und morgen einen Durchsuchungsbefehl mitbringen." "Das können Sie nicht machen. Ich habe einen guten Ruf zu verlieren." Und Fernando beruhigte seinen Freund, den Drogen-baron, der sich entsetzlich aufregte.

Am anderen Morgen tauchte der Comisario wie angekündigt mit einem Durch-suchungsbefehl bei Pablo Santos auf. Das Haus wurde zwei Stunden lang gründlich durchsucht. In dem Zimmer von Carlos Santos, dem Sohn des Drogenbarons, fand man in einer braunen Holztruhe eine schwarze Voodoo-Puppe und ebenfalls eine schwarze Rabenfeder. Auf dem Kopf der Voodoo-Puppe klebte ein Bild des Opfers. Der Comisario fragte den Drogenbaron, was es sich mit diesen Utensilien auf sich hat. "Wo hat Ihr Sohn die Sachen her?". Santos hatte keine Ahnung. Plötzlich hatte Fernando eine schreckliche Vermutung. "Es gibt nur einen Ort, den ich kenne. Außerhalb der Stadt steht ein altes verlassenes Herrenhaus, in dem Voodoo-Zauber betrieben wird.". Nachdem Fernando dies sagte, fuhren sie zum dem Herrenhaus. Es dämmerte schon. Petro war von alledem so überwältigt und entsetzt, so dass er keinen Ton mehr herausbrachte. Unterwegs berichtete Fernando dem Comisario, Einheimische erzählen, dass es in dem Haus spukt. "So ein Quatsch. Ich glaube nicht an Gespenster." sagte der Comisario. Fernando stand die Angst im Gesicht geschrieben. Er hatte wirkliche Angst, von seinem Freund Petro ganz zu schweigen. Nach einer Weile hielten sie vor einem großen, aber doch sehr mystischen Haus.

In der Mitte des Eingangstores befand sich auf einem runden Emblem ein Schlangenkopf, auf dem stand: "Derjenige, der diesen Ort betritt, kommt hier niemals lebendig raus". Die santos del frío (die gestrengen Herren) missachteten diese Inschrift und öffneten das Tor. " El Señor Comisario", sagte Petro ganz ängstlich. "Darf ich im Auto warten?". "Na, klar", antwortete el Señor Comisario mit einem Schmunzeln auf den Lippen. Und nun wurde es ernst für die fest entschlossenen und mutigen Männer. Der Weg zum Herrenhaus war lediglich vom

Mond, der am Himmel stand, schwach beleuchtet. Er verlieh dem Ganzen ein schauriges Bild. Am Wegesrand standen, auf Stöcke aufgespießt, Totenköpfe.

Nach einer Weile standen die Männer vor dem Hauseingang. El Señor Morientes klopfte drei Mal an die Tür. Der Butler hatte nur ein Auge und öffnete die Tür. "Wer wohnt hier?", fragte der Comisario. "La Señora Nana Noah Lopes", antwortete der Butler. "Polizei, dürfen wir eintreten?" "Si, si, el Señor. Treten Sie ein." Sie traten in eine große Eingangshalle aus Elfenbein und Marmor. Die Männer waren sehr beeindruckt und wurden der la Señora Lopes vorgestellt. "Das ist ja interessant. Die Polizei in meinem Haus", sagte la Señora Lopes. "Ich habe einen Durchsuchungsbefehl bei mir und meine Männer werden auch gleich hier sein", erwiderte Señor Comisario. "Ach ja, einen vorläufigen Haftbefehl gegen die la Señora Lopes habe ich auch dabei." Fünf Minuten später waren die anderen Polizisten anwesend und durchsuchten das ganze Haus.

Nach einer Weile rief ein Polizist: "Señor Comisario! Kommen Sie schnell in den Keller!". El Señor Comisario ging in den Keller und holte la Señora Lopes mit. Fernando folgte dem Comisario leise. Dort angekommen sahen sie el Señor Leonardo Santos an einen Pfahl gebunden. Desweiteren entdeckten sie Rabenfedern, Voodoo-Puppen und ein Bild von der ermordeten la Señora Conchita Hernandez. El Señor Morientes band den jungen Señor Santos los. "Für mich ist der

Fall klar. Sie, el Señor Santos, haben die la Señora Lopes aufgesucht, weil Sie Ihre Freundin, la Señora Hernandez, eifersüchtig, wie Sie waren, ermorden wollten. La Señora Lopes hat Sie mit ihrer schwarzen Magie verhext und Sie, el Señor Santos, das Opfer wie in Trance kaltblütig ermordet. Habe ich Recht?". "Si, si el Señor. Sie haben Recht.", sagte la Señora Lopes. "Sie sind beide wegen Mordes verhaftet." El Señor Morientes bedankte sich herzlich bei Petro und Fernando für ihre Mithilfe. Fernando und Petro spielten weiterhin Schach und erzählten ihren Freunden bis zu ihrem Lebensende von dieser etwas bizarren Geschichte.

Der Baum

Ich sitze unter einem Baum

und habe einen Traum.

Die Blätter fallen herunter.

So langsam werde ich munter.

Ich gehe meinen eigenen Weg.

Eine Burg steht auf dem Berg.

Ich zähle die Tage.

Mein Leben ist eine Plage.

Die Lichter gehen an.

Das Leben ist zu sehen.

Ich werde den richtigen Weg gehen.

Meine große Liebe

Die Engel hörst Du vom Himmel singen,
und in meiner Beziehung muss ich nichts in
Ordnung bringen.
Du bist das Meer, in das ich eintauche.
Du bist meine große Liebe,
denn nach dem Austauschen von Zärtlich-
keiten siehst du,
wie ich eine Zigarette rauche.
Du bist der Zucker in meinem Kaffee.
Du bist der Engel in der Nacht,
denn unsere Liebe hat bisher Spaß ge-
macht.
Du bist die Sonne,
die in mein Herz hinein lacht.
Du gibst mir 1000 Küsse auf meinen Mund.
Hoffentlich nicht nur zur Morgenstund'.

Das Parfüm

Ich spüre das Parfüm auf meiner Haut.

Davon bin ich sehr erbaut.

Mein Körper riecht so gut.

Und zum Leben habe ich wieder neuen

Mut.

Der Sommer ist heiß.

An meinem Körper läuft mir der Schweiß.

Ich rieche die Blumen und die Kräuter. Ich

sprühe das Parfüm an die Wand.

Das Leben habe ich nun für mich erkannt.

Die Frau und die Schmetterlinge

Eine Frau wacht im Morgengrauen auf,
nach einer lauen Sommernacht.
Sie blickt aus dem Fenster und sah
wie die Sonne in ihr zartes Gesicht lacht.
Doch sie zeigte der ganzen Welt
diesen erotischen Blick.
Sie hatte viel Zeit.
Zu den schönen Taten war sie bereit
bis am nächsten Morgen wieder der Hahn
schreit.
Der Mond begleitete sie bei den schönen
Taten,
doch ihren Namen konnte ich nicht erra-
ten!

Während der Abenddämmerung hatte sie
Schmetterlinge im Bauch!

Ich auch!

Eine Sommerliebe

Ich singe auf der Straße die Lieder
in dein Herz, immer und immer wieder.
Doch laufe ich hinter dir her, denn du fehlst
mir sehr.

Ich gehe über viele Steine,
ich muss aufpassen, dass ich nicht weine.
Doch Du brichst mir das Herz, unsere Liebe
begann im März.

Ich verspüre Gefühle in meinem Bauch!
Hoffentlich besteht unsere Liebe nicht nur
aus Schall und Rauch!
Nein, und wir küssten uns heiß und innig,
denn das ist in der Liebe so Brauch.

Blick aus dem Fenster, Acryl, Romy Glaser, 2018

Die Kerzen

Die Kerzen scheinen aus meinem Herzen.

Dort oben am Himmel scheint ein Licht.

Das Leben möchte ich sehen aus meiner
Sicht.

Die Kerzen leuchten zur Weihnachtszeit.

Zu sonderbaren Taten bin ich bereit.

Die Burg steht im Wald.

Denn das schöne Leben kommt schon bald.

Lasst uns die Sonne lachen sehen.

Dann werde ich den richtigen Weg gehen.

Meine Gitarre

Ich spiele mit der Gitarre ein Lied.
Schön, dass es Dich gibt.

Meine Gitarre hat die Farben
schwarz und rot.

Mit Dir befinde ich mich selten in Not.
Ich höre den Klang der Musik.
Durch die Straßen werde ich gehen.

Deine Liebe ist unser Rock 'n Roll.
Deiner Liebe ist leiser Blues.
Deine Liebe ist alles, was ich haben muss.

Ich sehe die Kerze brennen.
Vor Dir brauche ich nicht fort rennen.

Das Licht

Ich sehe das helle Licht.
Das Leben kann ich sehen aus meiner Sicht.
Der Mond scheint in meinen Raum.
Meine Freundin ist nicht nur ein Traum.
Ich liebe sie so sehr.
Und wir fahren zum Meer.
Die Reise ist zu Ende.
Das Leben und die Liebe zu ihr
beginnt morgens um vier.
Wir riechen die Luft,
denn unsere Liebe ist ein besonderer Duft.

Sie geht durch die Natur,
von Melancholie keine Spur.
Ihr Herz steht an der richtigen Stelle.
Wir sehen gemeinsam des Meeres Welle.
Blumen hat sie in ihrem Haar.
Wir sind ein schönes Paar.
Durch die Straßen wird sie gehen
und ich sehe sie entzückt am Waldesrand
stehen.

Sie ist mein Frühling!
Sie ist mein Sommer!
Sie ist mein Sonnenschein!
Sie ist mein Mondschein!

Sie hört in mein Herz hinein.
Wir werden für immer zusammen sein.

Göttliche Begattungen

Lasst Drachen fliegen
uns sollen Frauen zu Füßen liegen.
Wir wollen das Schlechte dieser Welt
mit dem Herzen besiegen.
Nichts soll in Rauch aufgehen
wir müssen fest auf dem Boden stehen.
Es sind göttliche Begattungen, die ich täg-
lich sehe.
Ich muss aufpassen, dass ich mich nicht im
Kreise drehe.

Liebe!
Zärtlichkeit!
Geborgenheit!

Dies ist etwas, wonach meine Seele schreit!
Ich bin allzeit bereit.
Diskussionen führen nur zu Streit.

Laufen, lieben und musizieren, all das
möchte ich machen, und ...

dabei in die Sonne lachen.

Das Meer

Ich höre das Meeresrauschen,
und den Muscheln kann ich lauschen.
Ich gehe über das Meereswatt.
Doch oft bin ich schach-matt.
Nun sehe ich das weite Meer.
Du fehlst mir sehr.
Die Musik ist wie ein kleines Kind.
Und in meinem Gesicht spüre ich den war-
men Wind.
Ich trinke einen heißen Tee.
Doch ruhig und kalt ist die See.
Bald fahre ich ans Meer,
denn es fehlt mir sehr.
Das Leben hat manchmal eine positive
Wende.
Und nach einer Reise ist die Sehnsucht
nach dem Meer zu Ende.

Die Träne des Meeres

Du hörst des Meeres Rauschen und
du kannst den Menschen lauschen.

Der Wind ist stürmisch.
Der Sand ist heiß.

Ich weiß nicht mehr, was ich weiß.

Auch sammle ich Steine.
Ich muss aufpassen, dass ich nicht weine.

Doch ich vergieße eine Träne.
Es ist die Träne des Meeres.

Das Meer unter dem Mond

Ich suche das Meer unter dem Mond,
vom Sonnenaufgang bis zum Sonnenunter-
gang!
Sehe ich den Mond in weiter Ferne?
Ja, ich wie, Sonne, Sterne und Mond habe
ich sehr gern!
Doch gehe ich durch die Straßen und finde
den unermüdlichen Drang, auf der Suche
nach Liebe und Geborgenheit zu sein, kann
ich nicht lassen.
Muss ich mich dafür hassen?

Nein, denn das Meer steht unter dem
Mond!
Ich befinde mich unter dem Regenbogen!

Die netten Leute in meinem Dorf sprechen
mich an,
das bin ich so gewohnt.

Finde ich mal nicht heim,
dann bleibt mein Aufenthaltsort geheim.
Bin ich wieder zu Hause,
bei guter Musik und Kerzenschein,
dann möchte ich auch mal alleine sein!

Flaschenpost

Leider warst Du nicht mit mir am Meer,
und konntest nicht teilen,
die vielen Meilen, die ich gelaufen bin.

Aber noch lange nicht ist
unsere Freundschaft dahin.

Dinge, die wir tun, oder Wörter, die wir sa-
gen
sind doch nicht immer schlimm.

Mit dieser Flaschenpost weise ich dich da-
rauf hin.

Die Nachricht in dieser Flasche
nimm sie mit in deiner Tasche.
Und werfe sie in den Fluss der in der Nähe
liegt.
So, dass der nächste Mensch sie irgend-
wann in die Hände kriegt.

Der Wald

Ich stehe mitten im Wald.
Im Leben habe ich wieder Halt.
Es ist Winter.
Ich spüre die Kälte.

Siehst du, wie es schneit?

Zu sonderbaren Taten bin ich bereit.
Doch im Wald schaut sie mir tief in die Au-
gen.

Ich gehe ein paar Schritte
und befinde mich in des Lebens Mitte.

Das Haus in der Eifel

Es ist Freitagnachmittag und meine Gedanken sind im Heimathaus. In all den Jahren, seit ich in der Fremde wohne, bin ich am Wochenende nach Hause in die Eifel gefahren.

Wie Mutter mich voll Freude empfing, wie sie in der Haustür stand und jömerte: „Wo kommst Du denn her?" Ich trat in die Küche und eine tiefe Freude erfüllte mein Herz. Der Herd mit dem knisternden Feuer, der große Eichentisch, die Schränke und das Sofa, alles hieß mich willkommen. Wie vertraut waren mir die Gegenstände. Es war, als hätten sie zu mir gesprochen: „Ja, wir sind noch da und begrüßen dich und geben Dir Heimat, wie immer." „Wie bist Du nach Hause gekommen", fragte Mutter und ich erzählte von der Zugfahrt am Rhein entlang, durch das Ahrtal, von den vielen Aufenthalten und dem Umsteigen. „Zuletzt bin ich getrampt", erwähnte ich noch.

Ich machte für Mutter und mich einen Kaffee und wenn noch etwas vom Mittagstisch übrig war, wärmte ich es auf dem Herd auf. Dann erzählten wir. Mutter sprach von den Leuten aus dem Dorf, was so passiert sei. War jemand gestorben oder ein Unglück geschehen, so hob sie es hervor.

Alle Sorgen und die Einsamkeit der Fremde fielen von mir ab. Da war nur noch die große Selbstverständlichkeit, so als wäre ich immer in dieser Küche gewesen.

Ich habe nie darüber nachgedacht, dass ich das Haus einmal verlieren könnte. Ja, Mutter würde einmal sterben, doch in das Haus könnte ich immer. Ich bin so daran gebunden. Mir scheint, ich habe keine Worte dafür, wie sehr es mich dahinzieht. Die alten Mauern, die Scheune, der Stall und der Garten, das ist seit Kindertagen meine Welt.

Ich habe Angst, wenn mir andere sagen: „Das Haus wird einmal verkauft! So ist das

Leben und damit muss man sich abfinden."
Ich kann das nicht, es raubt mir den Schlaf,
und wenn ich schlafe, träume ich von der
Küche und Mutter, die am Herd steht und
kocht.

Früher wollte ich in die Welt hinaus und das
Leben auf dem Hof erschien mir eng und
klein.

Weg aus dem kleinen Eifeldorf, Freunde fin-
den und einen guten Beruf.

Aber jetzt liegt der Fall ganz anders.

„In der Fremde wohnen und zurechtkom-
men, das ist schwer", so bezeichnete Vater
es, als er noch lebte. Heute verstehe ich
diese Worte und es ist, als sei die Seele ihres
ureigensten Rechtes beraubt, als habe das
Herz die Flügel verloren, die es getragen ha-
ben, wenn ich in der Fremde wohne und
mich zurechtfinden muss. An Tagen der

Wehmut, so wie heute, bin ich wieder zuhause.

Die Gedanken malen ihre Bilder und ich erinnere mich an jene Freitagnachmittage.

Nachdem ich gegessen hatte, lief ich in den Garten und schaute, was zu machen sei.

Im Herbst war das Beet umzugraben und im Frühling wurde gesät. Wer hatte wohl als Erster die Erbsen in die Erde gebracht? Ich schaute in die Nachbargärten. Bei wem standen schon die ersten Frühlingsblüher? Ach, da unter dem Johannisbeerstrauch schoben sich die Blätter der Tulpen aus der Erde. Die Nachbarin grub noch ein Feld um und machte es zur Saat fertig.

Alles war an seinem Platz, zeigte ein Blick auf die Gartenwerkzeuge. Vielleicht noch den jungen Apfelbaum zurückschneiden? Nein, doch lieber ins Haus laufen und die Fenster putzen.

Ach, sich nur ein halbes Stündchen aufs Sofa legen und von der Reise erholen. Auf alle Fälle Neuigkeiten mit Mutter durchgehen.

So wandelte sich das Jahr, doch das Haus stand da in seiner Gleichförmigkeit und Ruhe.

Die Märzsonne strahlte in die Küche, graue Regenschauer schlugen im April gegen die Fenster.

Im Mai sahen wir die Traktoren mit dem Gras für die Silage durchs Dorf fahren und ich holte einen Strauß duftenden Flieders aus dem Garten und stellte ihn auf den Küchentisch. Der Sommer lockte mit süßen Erdbeeren, schwarzem Holunder und roten Johannisbeeren und alles wollte zu Gelee und Marmelade gekocht werden.

So war es in den letzten Jahren und es schien, als würden diese Wochenenden nie zu Ende gehen.

Doch Mutter ist 90 Jahre alt geworden und weil sie nicht mehr allein zurecht kam, musste sie ins Altersheim. Ihr Geist vergisst alles.

Vielleicht will sie die Krankheit nicht wahrhaben, das Verrücktsein, das mich befallen hat.

Aber auch in diesen Zeiten war das Haus mir Zuflucht. Des Nachts saß ich bei Kaffee am geheizten Herd und träumte von Schlachten und großen Heldentaten. Dann war es, als würde Vater noch leben und durch die Küche gehen und von Schützengräben und Gefangenschaft schwadronieren.

Es war, als würde er über das Leben resümieren, dass es nicht leicht sei und manchmal ungerecht.

Musste er nicht gleich in den Stall, weil eine Kuh kalbte oder das Scheunentor wieder verschließen, weil der Sturm um die Mauern heulte.

War da nicht Lien, unsere Nachbarin, die beim Wurst machen half und dabei das Neuste aus dem Dorf berichtete.

So sitze ich in meinem Zimmer, in meinem neuen Zuhause und versuche mich zu trösten, dass ich keine Arbeit in der Eifel gefunden hätte und ganz allein im Haus wäre, weil Mutter nicht mehr da ist. Doch es packt mich die Sehnsucht und die Erinnerung trägt mich auf ihren Flügeln in die alte Heimat.

Marlene Gerhards

Die Menschen

Die Menschen reden leise.
Die Menschen reden laut.
Davon bin ich nicht sehr erbaut.
Menschen lieben.
Menschen hassen.
Denn den Streit mit den Menschen
möchte ich lieber lassen.
Der Mond scheint in mein Fenster hinein,
dabei lasse ich nur meine Freunde zur Tür
herein.
Menschen sitzen am Meer.
Meine große Liebe fehlt mir sehr.
Menschen reden gerne mit mir.
Und ich komme dann nach Hause,
so gegen halb vier.

Schweigen

Du gehst durch die Straßen.
Sie sind leer und du findest das Meer.
Rast findest du auf einem trohballen.
Hörst du das? Die Geräusche aus der Natur
schallen.
Schweigend sitzen wir zusammen.

Auge um Auge
Gefühl zu Gefühl
Herz zu Herz

Und wir spüren keinen Schmerz.
Schweigen ist Golden, Reden ist Silber.
Niemals vergesse werden wir diese Bilder.

Während des Schweigens hört man die
Vögel zwitschern und das Wirbeln des Win-
des, nicht nur uns,
mit dem Herzen eines Kindes.

Der Mond

Der Mond scheint hell durch mein Fenster
rein.
Doch bei Vollmond bin ich oft allein.
Mit meiner Freundin gehe ich bei Mond-
schein spazieren,
denn wir wissen beide,
in unserem Leben wird noch viel passieren.
Ich lese ein Buch.
Mein Leben ist oft ein Fluch.
Am frühen Morgen geht der Mond unter.
Und ich spüre, wie die Sonne lacht.
Dann weiß ich sicher,
das Leben hat doch meistens Spaß ge-
macht.

Ein Spaziergang bei Mondschein

Ich ging bei Mondschein spazieren,
denn die Gedichte die ich schreibe, möchte
ich nicht verlieren.

Doch Halt machte ich an einer Burg.
Die Geräusche die ich hörte, sind ein Zei-
chen,
das mir am Leben nichts störte.

Weiter ging ich meinen Weg!
Er war steinig und hart.
Doch die Nacht bricht an, ich fühle mich gut
und weiß noch immer nicht,
wie ich schlafen kann.

Nach einer Weile finde ich die Ruhe.
Begebe meine Gedanken in eine verschlos-
sene Truhe.
Ich schlafe ein.

Das Paradies im Garten

Ich befinde mich im Paradies im Garten.
Und auf meine Freundin möchte ich warten.
Die Musik höre ich sehr laut.

Denn vom schönen Leben bin ich sehr erbaut.

Das Meer ist meine große Liebe.

Aber sie versetzt mir auch manchmal heftige Hiebe.

Der Mond scheint hell in mein Herz hinein.

Dann bin ich schon bald in meinem warmen Heim.

Die Rose, Acryl, Romy Glaser, 2010
Bearbeitet mit Photoshop.

„Einst gab ich die Rose weiter, als ein Zei-
chen der Liebe,
dachte, dass es immer so bliebe.
Sie kehrte wieder heim
und steht im Beet
- nicht allein - .“

Der Indianische Sommer

Er war voller Magie, jeden brachte es aus
seiner Lethargie.

Gemeinsam waren wir an mystischen Or-
ten, doch wir verstanden uns auch mit nur
wenigen Worten.

Die Engel öffneten uns die Himmelspforten.

Wir tranken, rauchten, sangen und musi-
zierten.
Damit waren wir glücklich und zufrieden
als wir diese Feste zelebrierten.

Voller Energie waren wir,
dabei war meist auch ein Tier.

Emotionen!
Liebe!
Geborgenheit!
Vertrauen!

Auf all dies konnten wir bauen!

Regen

Der Regen kommt auf die Erde nieder.

Der Schmerz zieht tief bis in meine Glieder.

Der Regen ist feucht und kalt.

Wann habe ich in meinem Leben wieder

halt?

Der Regen ist eine Laune der Natur,

denn das ist Leben pur.

Ich fühle meine Gedanken,

bevor wir über die Straßen wanken.

Der Regen geht vorbei,

und ich bin mit meinen Gefühlen wieder

frei.

Jonathan

Jonathan sitzt selbstvergessen unter einem alten Apfelbaum. Er hat die Kühe auf die Weide getrieben und nun grasen sie gierig das frische Grün in sich hinein.

Jonathan kann die Welt nicht verstehen, vielleicht, weil er sie nicht kennt. Er hat die Beine vor den Körper gezogen und die Arme verschränkt darum gelegt. Doch das Nachdenken führt zu nichts. Ihm kommt in den Sinn, dass er sich zu Hause verlassen und verloren vorkommt. Mutter hat kein Verständnis für ihn, sondern sie schimpft so häufig und verlangt immerzu Arbeit von ihm.

Aber weg kann er auch nicht, weil er Angst hat vor den Leuten. Sie erscheinen ihm übermächtig und zugleich so weit weg. In seinem Herzen ist so eine grenzenlose Wehmut, denn er empfindet die ganze Ausweglosigkeit seines Daseins. Jetzt fühlt er so eine große Traurigkeit, wenn er den Kühen beim

Weiden zusieht. Die Tiere kümmern sich nicht um seine Schwermut, sondern ihre Mäuler schlingen in einem fort das frische Gras und ihr breites Maul greift mal da mal dorthin.

Plötzlich horcht er auf. In den grünen Ästen des Baumes sitzt ein Zaunkönig und singt eine lustige Melodie. Jonathan blickt um sich und inmitten der Rinderherde steht ein weißer Hengst.

Voller Erstaunen und zugleich ganz ungläubig sieht Jonathan auf das stolze Pferd. Er steht auf, geht zwischen den Kühen hindurch, wobei er sie beruhigend auf den Rücken klopft, und nähert sich dem schönen Reittier. Er spricht es mit sanfter Stimme an und das Pferd nickt unruhig mit dem Kopf, so als wolle es ihn auffordern, mit ihm davon zu reiten.

Als der junge Mann sich umblickt, entdeckt er am Apfelbaum Zaumzeug und Sattel und auch ein Schwert, dessen silberner Knauf in der Sonne blinkt.

Er sattelt das Pferd, bindet sich das Schwert um, besteigt den Hengst und reitet davon.

Die Traurigkeit in ihm ist einer heftigen Freude gewichen und wie er auf dem Pferd dahin galoppiert, breitet sich die Freude aus in heftige Erregung. Voller Mut und Stolz treibt er den Hengst an und sie jagen über eine Ebene mit Feldern und Wiesen, während der Weg auf eine Kette von Bergen und Hügeln zuführt.

Inzwischen ist die Sonne weit nach Westen gezogen und malt die Wolken in gelben und roten Farben. Jonathan ist müde geworden von dem wilden Ritt und am Fuß der Berge hält er an.

Im Dämmerlicht der untergehenden Sonne sieht er neben einem Brunnen einen hellen Feuerschein.

Als er näher kommt erkennt er einen alten Mann, der sich am Feuer ein Stück Fleisch brät.

Er ist ängstlich und unentschlossen, ob er den Mann ansprechen soll, doch er überwindet seine Furcht, steigt vom Pferd und spricht den Fremden an. „Was machst du hier in dieser Einöde und warum bist du nicht in deinem Haus?"

Der Fremde nimmt ihn zunächst gar nicht wahr, aber dann sagt er mit zögerlicher, müder Stimme: „Komm setz dich zu mir und iss. Ich habe auf dich gewartet." Erstaunt und zugleich verständnislos setzt sich Jonathan neben ihn ans Feuer. Er spürt wie die Flammen ihn wärmen und als er das wohlriechende Fleisch sieht, steigt Hunger in ihm hoch.

Der Fremde teilt mit ihm sein Essen und dann beginnt er zu erzählen: „Droben in den Bergen liegt eine Burg, schöner und mächtiger als du sie dir vorstellen kannst. Dort lebt die schöne Prinzessin Mirisande mit ihrer Familie. Doch niemand kann zu ihr, denn ein böser Drache liegt vor dem Tor und tötet jeden, der in die Burg will. Und doch gibt es eine Hoffnung, die das schöne Mädchen nicht verzweifeln lässt. Ein Held soll kommen und die Burg von dem Drachen befreien. Ich habe mir gedacht, dass du dieser Held bist."

Ungläubig und etwas verwirrt sieht Jonathan den Fremdling an und weiß im ersten Moment gar nichts zu entgegnen, dann sagt er: „Ich bin nur ein armer Kerl, der die Kühe hütet und nicht viel von der Welt gesehen hat. Mit welcher Kraft sollte es mir gelingen, einen Drachen zu töten?"

„Ich habe die alten Bücher studiert", erwidert der alte Mann, „und darin ist genau von dir die Rede. Nur einem Kuhhirten, der den Umgang mit Tieren kennt, kann es gelingen, das Ungeheuer zu besiegen. Dort in den Schriften nennen sie einen Namen und dieser Name ist: Jonathan. Der bist du doch?"

Der Alte sieht ihn forschend an. „Schlaf erst einmal, denn du wirst müde sein von dem Ritt."

Am anderen Morgen, als Jonathan erwacht und sich umblickt, ist das Feuer erloschen und der Alte verschwunden.

Aus dem Brunnen holt er frisches Wasser für sein Pferd, sattelt es und reitet los in die bergige Landschaft hinein. Gegen Mittag, als die Sonne hoch am Himmel steht, erkennt er in der Ferne die schimmernden Türme einer Burg.

„Ob an dem Gerede des Alten etwas Wahres ist", fragt sich Jonathan und er spürt, wie aus dem Zweifel in seiner Brust freudige Erregung wird. Ob es die Burg mit der Prinzessin, aber auch mit dem schrecklichen Ungeheuer ist? Und tatsächlich, als er näher kommt, erheben sich vor ihm die trutzigen, hohen Mauern einer Burg. Vor dem Tor nimmt er etwas wie einen kleinen Hügel wahr, doch als er näher kommt, erkennt er, dass es ein schuppenbesetzter Drache ist, der zusammen gekringelt vor sich hin döst. In dem Moment, als unser Held vor ihm steht, erwacht das Ungeheuer und richtet sich auf. Es ist riesig groß und reißt sein Maul auf, in dem furchtbare Zähne wie Messer erscheinen. Jonathan weicht mit seinem Pferd dem ersten Angriff des Unholdes aus. Der will ihn verfolgen und stößt furchtbare Laute aus und ein schreckliches Brüllen kann man vernehmen.

Diesmal verlässt Jonathan der Mut nicht, alles Zaudern und Zögern ist von ihm abgefallen. In wilder Entschlossenheit wendet er sein Ross und obwohl der Drache auf ihn zukommt und mit den Pranken nach ihm schlägt, schleudert der junge Held ihm mit aller Kraft sein Schwert entgegen und es fährt mit voller Wucht in die Brust des Drachen. Der bäumt sich in heftigem Schmerz auf und sinkt dann getroffen in sich zusammen und verendet.

Auf den Mauern der Burg erscheinen Leute und als sie den Drachen in seinem Blute sehen, rufen sie voller Freude und ein paar öffnen das Tor.

Jonathan wird von allen umjubelt, als er in den Burghof einreitet. Auf einem Balkon erscheint ein wunderschönes Mädchen und winkt ihm freudig zu. Er eilt die Treppen des Turmes hoch und steht bald vor der Prinzessin. „Du bist also der Held, der uns befreit hat, dessen Mut nicht vor dem Ungeheuer zurückschreckte und auf den wir so lange gewartet haben."

Der junge Mann ist noch ganz benommen von dem Kampf und kann gar nicht glauben, was geschehen ist. Er sieht die Prinzessin fragend an, dann nimmt er sie in den Arm und küsst sie auf den Mund.

Was soll ich euch sagen, es war eine prachtvolle Hochzeit, die auf der Burg gefeiert wurde.

Marlene Gerhards

Stille

Ich komme nach Hause und brauche eine
Pause.
Keine fahrenden Autos!
Keine Musik!
Kein Lärm!

Ich sehne mich nach der Stille
denn das war mein erster Wille.

Es ist die Stille, die ich brauche,
bevor ich wieder ins Leben tauche.

Bin ich dort wieder angekommen
so habe ich etwas dazu gewonnen.

Nach einer grünen, saftigen Wiese sehne
ich mich.

Und im Moment sitze ich
vor einem braunen, hölzernen Tisch.

Dort gefunden habe ich dann
mein inneres Gleichgewicht.

Skizze zu Liebespaar, Bleistift, Romy Glaser, 2018

Wir

Es ist Donnerstag, die Sonne scheint,

wir sind mal wieder vereint.

Wir spielen unser Spiel,

dies ist nicht nur unser Ziel.

Wir genießen den Tag auf dem Berg, den

wir lieben.

Dort ist unser Zuhause, unser Revier.

Dort fühlen wir uns wohl und gut,

und wir schöpfen neuen Mut.

Wir lieben Musik, Parties, die Natur,

das Leben und die Frauen,

denn wir können uns gegenseitig ver-

trauen.

Die Reise

Ich befinde mich auf einer langen Reise,
verriet mir eine Feder leise.
Denn ich will zurück ans Meer,
es fehlt mir sehr.
Ich gehe mit meiner Freundin spazieren.
Viel Spaß habe ich mit vielen schönen Tie-
ren.
Lasst uns zum Mond reisen,
und mein Leben in die richtige Richtung
weisen.
Meine Liebe zu Dir und zum Meer ist gigan-
tisch.
Ist die Reise zu Ende,
befinde ich mich wieder auf einem friedli-
chen Gelände.

Eine schlaflose Nacht

Ich erlebe eine schlaflose Nacht.
Am anderen Morgen bin ich nur schwer er-
wacht.
Die Sterne sehe ich am Himmel stehen.
Wann wird diese Nacht endlich zu Ende ge-
hen?
In dieser verlor ich mein Herz.
Es ist für mich ein tiefer Schmerz.
Ich spiele mit meiner Gitarre schöne Lieder,
und der Regen fällt auf die Erde nieder.
Kälte!
Regen!
Schnee!
Die Nacht geht zu Ende.
Ich komme nach Hause
und trinke einen wohlschmeckenden Tee.

Die Sonne

Ich sehe die Sonne aufgehen.

Das Leben ist oft schwer zu verstehen.
Denn sehe ich den Sonnenuntergang,
dann kann ich nicht loslassen von dem un-
ermüdlichen Drang.
Lasst uns in die Sonne schauen.
Dem Leben kann ich oft vertrauen.

Die Blumen blühen am Wegesrand.

Doch manchmal verliere ich den Verstand.

Mein Leben ist ein Traum.
Dann gehe ich in den Wald und setze mich
vor einen Baum.
Und wenn ich wieder nach Hause komme,
lacht die Sonne.

Eine wundervolle Nacht

Bitte lass es für mich regnen,
dies hat sich in unserer wundervollen Nacht
so ergeben.

Der Mond scheint auf deine nackte Haut,
davon bin ich sehr erbaut.

Mit dir möchte ich durch die Straßen ge-
hen,
denn unsere Liebe kann ich nicht nur bei
Tag und Nacht sehen.

Doch ich will vor dir knien un und dein Herz
anflehen.

Weil ich dich so liebe
habe ich das Verlangen, mit dir in die Stadt
der Liebe zu fahren.

Das ist mir, oh du meine zuckersüße Schön-
heit,
schon längst im Klaren.

Vom Sonnenaufgang bis zum Sonnenuntergang

Ich möchte reisen, lieben, musizieren

und dabei in die Sonne lachen.

Beim Sonnenaufgang sitze ich am Meer

und kann dort all die schönen Sachen machen.

Lasst uns auf den Sonnenuntergang warten.

Ich befinde mich dabei in einem schönen Garten.

Dort bin ich auf einer langen Reise.

Bald komme ich wieder heim

und sehe den Sonnenaufgang.

Und meine Seele ist wieder rein.

Herzbrennen

Manchmal bekomme ich Herzbrennen,
doch oft muss ich von mir fort rennen.
Habe ich Herzbrennen, dann vor Freude,
Trauer, Hass oder Wut.
Das Leben ist schwer, doch meine Freundin
macht mir neuen Mut.

Mein Herz brennt,

aber die Welt ist für mich sehr oft ganz
fremd.

Ich gehe durch die Straßen und höre diese
Lieder.
Dann denke ich an meinen verstorbenen
Vater,

und die Trauer zieht mir tief bis in alle Glie-
der.

Doch kommt durch mein Herzbrennen
Freude zum Vorschein,

dann bleibe ich mit meinen Gefühlen und

Gedanken daheim.

Mein Herzbrennen ist für mich wichtig

in meinem bunten Leben,

doch nach meinem inneren Seelenleben

möchte ich für immer streben.

Sternschnuppen

Ich sah eine Sternschnuppe in der Nacht.

Die Liebe zum Lesen wurde in mir neu
entfacht.

Dann durfte ich mir etwas wünschen.

Doch ich sah sie nur kurz am Himmel
stehen,

denn lange musste ich nicht aus dem
Fenster sehen.

Es war eine sternenklare Nacht

und ich konnte noch nicht schlafen gehen.

Der Mond schien hell in mein Heim hinein,

doch in dieser Nacht war ich nicht allein.

Dann ging ich zu meiner Freundin in einen
kühlen Raum.

Denn sie war der Wunsch aus meinem …

Sternschnuppentraum.

Ein Weihnachtstraum

Es ist Winter.
Ich gehe durch die Straßen
und höre diese Lieder.
Der Schnee fällt auf die heilige Krippe nie-
der.
Ich erlebe den Weihnachtstraum immer
und immer wieder.
Dann stehe ich unter dem Weihnachts-
baum.
Und plötzlich steht meine Mama in meinem
Raum.
Ich höre die Engel vom Himmel hinunter-
rufen.
Und nun gehe ich sie hinauf
die weißen Stufen.
Die Lichter gehen an und aus.
Der Weihnachtstraum ist jetzt aus.
Und ich gehe jetzt schweigend nach Haus.

Die Welt der Steine

Am Wegesrand sehe ich die Steine.

Doch oft sehen mich die Menschen, die mir

nahestehen, wie ich weine.

Im Wald höre ich die Vögel singen.

Das ist ein Zeichen für mich,

mein Leben wieder in Ordnung zu bringen.

Die Steine sind blau.

Und mein Alltag ist oft sehr grau.

Auch können Steine heilen.

Dann möchte ich kurz in der Natur verwei-

len.

Ich nehme meine Gitarre aus dem Koffer

heraus.

Und nun gehe ich durch die Straße

und bin wieder fröhlich in meinem Haus.

Winter

Draußen ist es bitter kalt.
Wann habe ich in meinem Leben wieder
Halt?
Ich komme nach Hause aus dem tiefen
Schnee
und trinke einen heißen Tee.
Es sind dunkle Tage.
Das Leben im Winter ist für mich oft die
reinste Plage.
Die Kälte zieht tief bis in meine Glieder.
Dann nehme ich meine Gitarre aus dem
Koffer
und spiele schöne Lieder.
Ist dann meine Seele wieder rein,
gehe ich nach Hause in mein warmes Heim.
Dort angekommen zünde ich eine Kerze an.
Meine große Liebe weiß ich dann,
wie sehr ich sie lieben kann.
Ob jetzt oder irgendwann.

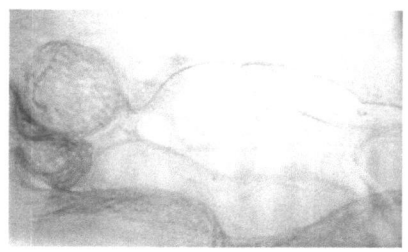

Schlafender Mann, Bleistift, Romy Glaser, 2010

Speise und Trank

In einem alten Haus in einem kleinen Dorf wohnten ein Bär und eine Katze.

Am Morgen stand der Bär auf und zündete das Feuer im Herd in der Küche an. Wenn das Feuer im Herd knisterte, setzte der Bär den Kaffee auf und sie saßen an dem großen Eichentisch und besprachen den Tag. Es war Frühling und der Bär sagte: „Gleich wollen wir die Kühe füttern, eine neue Weide einzäunen und sie auf das frische Gras stellen!" Die Katze räkelte sich müde und fragte den Bären: „Warum bist du nur so groß und stark und kannst das Leben so gut bewältigen? Ich bin klein und schwach und fühle mich oft verzagt und bedrückt und die Arbeit mit den Tieren ist eine Last."

Da fing der Bär an zu erzählen: „Vor langer Zeit traf ich einen alten, weisen Mann und er nahm mich mit in ein Land, weit weg von hier. Wir gingen durch eine Wüste und ich schaffte kaum den Weg. Wir mussten über hohe, unüberwindliche Sanddünen, auf denen ein scharfer Wind wehte, der wilde Figuren aus Staub malte und uns ins Gesicht blies. Wir kamen an steilen, schroffen Felsen vorbei, von denen Steine herunterstürzten und uns fast begruben.

„Du musst durchhalten", sagte der alte Mann, „denn hinter der Wüste liegt ein schönes, wundersames Land mit blühenden Bäumen." So zogen wir weiter und gelangten schließlich in einen wunderschönen Garten. Ich war völlig erschöpft und setzte mich an einen Brunnen, der inmitten einer Wiese mit blühenden Blumen stand. Gelbe Schlüsselblumen, blaue Akelei und weiße Lilien dufteten herrlich und rote Rosen rankten sich um die Mauern des Brunnens.

Der alte Mann wälzte den Stein beiseite, der darauf lag, ließ einen Eimer herunter und schöpfte Wasser und gab mir zu trinken. Als ich von dem kühlen Nass getrunken hatte,

fühlte ich wie Kraft und Freude mich durch-
strömten und sich mein Körper von der an-
strengenden Reise erholte.

Der alte Mann nahm aus einem Sack Wei-
zenkörner und legte sie in die Erde eines Fel-
des, dessen Boden schon saatfertig war und
er sagte: „Wachse Weizen und werde zur
Speise!" Die Körner keimten und sprossen
zu großen, grünen Halmen, die bald gold-
gelbe Ähren trugen.

Da brach der alte Mann ein grünes Reiß,
dass aus den Mauern des Brunnens wuchs,
setzte es in die Erde und sprach leise ein
paar Worte und aus dem Reiß wurde ein
großer, blühender Baum, an dem bald rot-
gelbe Äpfel hingen. Nun nahm der Weise
den Weizen von den Ähren, mahlte ihn zu
Mehl und gab die Äpfel hinzu. Als er den Teig
fertig bereitet hatte, brachte er ihn zu einem
steinernen Backofen. Er öffnete die ver-
rußte, eiserne Tür, schob den Teig hinein
und buk einen Kuchen, den er mir als Speise
gab. Nachdem ich gegessen hatte, fühlte ich

wieder, wie meine Glieder gestärkt wurden und Hoffnung und Zuversicht erfüllten mich und Freude strömte durch meinen Geist.

Ich dankte dem weisen, alten Mann und fragte: „Können wir nicht den Kuchen und das Wasser mit nach Hause nehmen und uns stärken, wann wir wollen?" „Nein", sagte er, „nur hier in dem wundersamen Garten kann es seine Kraft entfalten. Du musst zuerst den Weg durch die Wüste nehmen und die Not und die Bedrohung durch die sengende Sonne und den Durst durch das fehlende Wasser auf dich nehmen. Erst dann kannst du hier im Garten, die Freude des heilsamen Wassers und des stärkenden Gebäcks in dich aufnehmen."

Der Bär machte eine Pause, räusperte sich und sagte dann: „So bin ich immer in den Garten gegangen, um mir die wundersame Speise und den lebensspendenden Trank zu holen. Doch als der alte Mann tot war, habe ich nicht immer den Weg durch die Wüste geschafft. Die Sonne brannte vom Himmel und die Sandstürme tobten und ich musste umkehren und kam ganz verzweifelt zuhause an. Doch ich dachte an den weisen, alten Mann und die Erinnerung machte mir Mut und ich begab mich erneut auf den Weg."

„Ich möchte auf von der großen Kraft des Wassers bekommen und das stärkende Gebäck genießen", rief die Katze, „ich möchte auch wachsen und stark werden.

„Gut", entgegnete der Bär, „komm wir machen uns auf den Weg."

Sie marschierten an grünenden Wiesen und Feldern vorbei, bis die Vegetation immer spärlicher wurde und schließlich ganz verschwand und sich vor ihnen die Wüste mit endlosen, öden Flächen ausbreitete. Als sie einige Zeit gegangen waren, rief die Katze erschöpft: „Ich schaffe es nicht mehr, ich bin zu schwach und böse Gedanken quälen mich und die Sonne versenkt mir den Kopf."

Sie setzte sich an einen Felsen und wollte nicht weiter. Da nahm der Bär sie auf die Arme und trug sie den weiten Weg und endlich gelangten sie in den wundersamen Garten. Der Bär gab der Katze von dem lebensspendenden Wasser aus dem Brunnen und buk für sie einen Kuchen in dem alten Backofen. Als die Katze gegessen und getrunken hatte, kamen die Lebensgeister zurück und sie fühlte wie Kraft, Mut und Freude sie stark machten. Sie umarmte den Bären und dankte ihm.

Immer wenn sie sich nun schwach und hilflos fühlt und sie glaubt, ihre Kräfte würden nicht reichen, um die Last des Lebens zu tragen, geht sie mit dem Bären in den geheimnisvollen Garten.

Marlene Gerhards

Quellennachweise:

Alle vorliegenden Texte und Bilder wurden von den Autoren/Dichtern und Malern zur Verfügung gestellt. Auszüge oder Kopien bedürfen der Zustimmung.

Bisher erschienen:

Das Leben sei ein Gedicht? Ach, glauben
Sie's lieber nicht
9 7837460 34188
Books on Demand, Norderstedt,
2017

Grob-Motorisches zu meiner Selber – Ein
rustikaler Freigeist aus der Rheineifel
9 783743 139084
Books on Demand, Norderstedt,
2016

Schaan liest – zu Gast ist Heinrich Albert Ellner

9 783741 256455

Books on Demand, Norderstedt,

2016

Herstellung und Verlag: BoD- Books on Demand, Norderstedt